これだけできれば大丈夫！

Golf course debut

初心者女子のためのゴルフBOOK

中村香織 著

日本文芸社

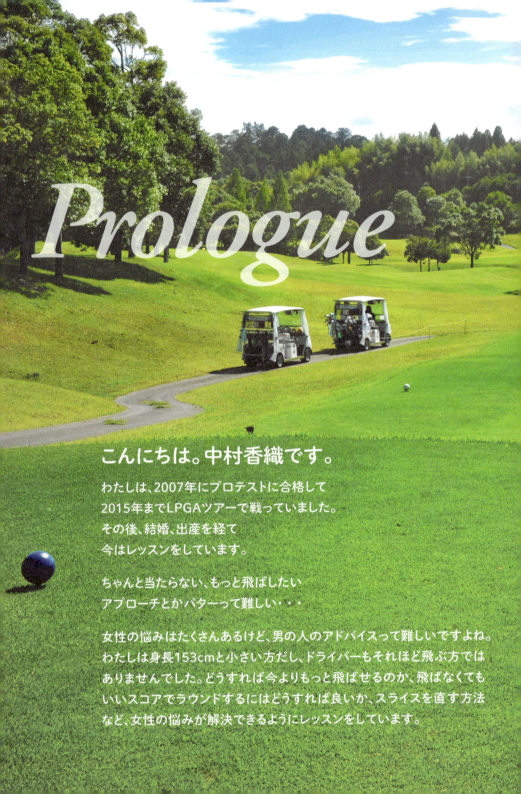

Prologue

こんにちは。中村香織です。

わたしは、2007年にプロテストに合格して
2015年までLPGAツアーで戦っていました。
その後、結婚、出産を経て
今はレッスンをしています。

ちゃんと当たらない、もっと飛ばしたい
アプローチとかパターって難しい・・・

女性の悩みはたくさんあるけど、男の人のアドバイスって難しいですよね。
わたしは身長153cmと小さい方だし、ドライバーもそれほど飛ぶ方では
ありませんでした。どうすれば今よりもっと飛ばせるのか、飛ばなくても
いいスコアでラウンドするにはどうすれば良いか、スライスを直す方法
など、女性の悩みが解決できるようにレッスンをしています。

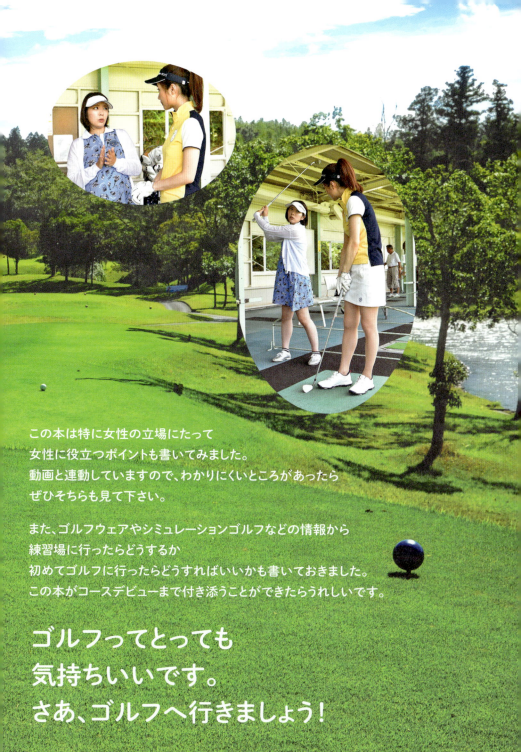

この本は特に女性の立場にたって
女性に役立つポイントも書いてみました。
動画と連動していますので、わかりにくいところがあったら
ぜひそちらも見て下さい。

また、ゴルフウェアやシミュレーションゴルフなどの情報から
練習場に行ったらどうするか
初めてゴルフに行ったらどうすればいいかも書いておきました。
この本がコースデビューまで付き添うことができたらうれしいです。

ゴルフってとっても
気持ちいいです。
さあ、ゴルフへ行きましょう！

初心者女子のためのゴルフBOOK

Contents

- 2 Prologue
- 6 本書の使い方

Chapter 1 初心者女子の これからゴルフ

- 8 Love Golf
  ゴルフの素敵なところを紹介します！
- 10 comic ●ゴルフはいつでも誰でも始められる！
- 12 comic ●まずはウェアを選んで練習場へ
- 14 ゴルフのドレスコード
- 16 ゴルフウェア① Spring & Summer
- 18 ゴルフウェア② Autumn & Winter
- 20 コースに出る時に
  そろえておきたいゴルフグッズ
- 22 ゴルフクラブってこんなもの
- 24 クラブの種類①
  ドライバー&フェアウェイウッド
  & ユーティリティー
- 26 クラブの種類②
  アイアン&パター
- 28 練習場デビュー
- 30 シュミレーションゴルフ
- 32 column ●教えて！ 香織プロ
  ゴルフを始めるにはどうすればいいの？

Chapter 2 初心者女子の ゴルフの基本 見て覚える

- 34 グリップは3種類
- 36 クラブを握ってみましょう
- 38 アドレスが一番大事です
- 40 右肩が前に出てしまうのに注意
- 42 クラブごとにアドレスは変わります！
- 44 きれいなスイングをしましょう
  始動～トップ
- 46 きれいなスイングをしましょう
  ダウンスイング～フィニッシュ
- 48 column ●教えて！ 香織プロ
  いつコースデビューできるかしら？

Chapter 3 初心者女子の練習場ゴルフレッスン

- 50 ボールを打ってみましょう!
- 52 飛距離が伸びる練習法①
- 54 飛距離が伸びる練習法②
- 56 ドライバーの飛距離を伸ばす簡単な練習法
- 58 フェアウェイウッドがうまく打てる練習法
- 60 スコアが縮まるアプローチの構え方
- 62 アプローチがうまくなるための大事なポイント
- 64 バンカーを1回で脱出する打ち方
- 66 パター 基本の打ち方
- 68 ラウンド直前のパター練習法
- 70 傾斜地での打ち方
- 72 練習場での練習の仕方
- 74 column ●教えて! 香織プロ 雨の日のゴルフは大変ですか?

Chapter 4 初心者女子のコースデビュー

- 76 コースへ行く前の準備
- 78 ゴルフ場ってこんなところ
- 80 ゴルフ場のホールは
- 82 コースでの一日
- 88 スコアカードの付け方
- 90 パー3ホールとは?
- 92 パー4ホールとは?
- 94 パー5ホールとは?
- 96 ルール&マナー ティーイングエリア
- 98 ルール&マナー ジェネラルエリア
- 100 ルール&マナー 池やバンカー
- 102 ルール&マナー パッティンググリーン
- 104 column ●教えて! 香織プロ ゴルフを楽しむための3つのエチケット
- 106 覚えておきたいゴルフ用語
- 109 2019年 主な改正ルール

※コースの名称およびルールは2019年1月より改正されるものを採用しました。

Introducing

本書の使い方

Book & 動画

本のレッスンと**動画**が**QRコード**で連動

ゴルフのスイングを
写真と文章で解説
QRコードでレッスン動画へ

中村香織プロの
ゴルフレッスン動画で
細かい動きが何回も
見られます！

スマホでレッスン動画を
チェックして
いつでも練習できます！

QRコードでの動画視聴について
端末や通信環境によっては、通信料金がかかる場合があります。
（本サービスは予告なく変更することがあります。あらかじめご了承ください）

Chapter

1

初心者女子の
これから
ゴルフ

Love Golf

ゴルフの素敵なところを紹介します！

自然の中で爽快に

きれいに整備された芝生の上を歩くだけでも解放感があるし
ボールを遠くまで飛ばす爽快感は最高です。

美容効果も

ゴルフスイングは腹筋や肩甲骨周辺、股関節など
ダイエットに最適な箇所をよく使います。
何より1日楽しく歩くので美容効果があります。

ファッションが楽しい

最近のゴルフウェアは可愛い服がたくさんあります。
自分のファッションセンスを目一杯発揮しましょう。

メンタルが強くなります

ゴルフコースは池やバンカー(砂地)など、さまざまな罠があります。
緊張したり、プレッシャーを感じる場面で
自分をコントロールするメンタルが鍛えられます。

素敵な出会いがあるかも

ゴルフは5〜6時間一緒に過ごすので、一緒にラウンドする人の人間性がわかります。
仲間内でもゴルコンでもお相手を見つけるには最適ですし、
女子会もあるので、一生の友達を見つけられるかも!

仕事にも役立つ

仲間内でラウンドするだけでなく、会社の上司や
仕事関係の人ともラウンドする機会が出てきます。
ゴルフのつながりは仕事にも役立ちます。

大人のマナーが身につく

同伴プレーヤーと気持ちよくラウンドするためには
相手のことを思いやるエチケットとマナーが大切で
それが紳士、淑女のスポーツと言われるゆえんです。
ゴルフに染まるとしっかりしたマナーも身につきます。

老若男女が一緒に楽しめる

ゴルフは年齢の高い人でも上手な人がたくさんいます。
私、パパ、ママ、おじいちゃんの三世代が真剣勝負できるスポーツは
他にはあまりありません。

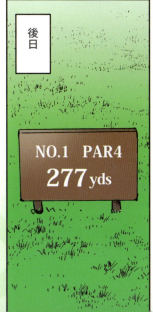

Begin the golf

初心者女子の これからゴルフ 1

ゴルフの
ドレスコード

ゴルフ場へは
どのような服装で行けばいいのか
具体的にみていきましょう。

クラブハウス

大人の女子らしい落ち着いた服装で出掛けよう

多くの装飾品を身に付けたり
ハデ目な服装は×です。

NG
- ショルダーバッグは不向きです
- 過度な露出は適していません
- ジーンズや極端なミニスカートはNG
- サンダルやハイヒールはNG

OK
- ヘアスタイルは品良くまとめましょう
- 爽やかなアウターがピッタリ
- 安定感のあるシューズがベター
- ゴルフバッグやボストンバッグを

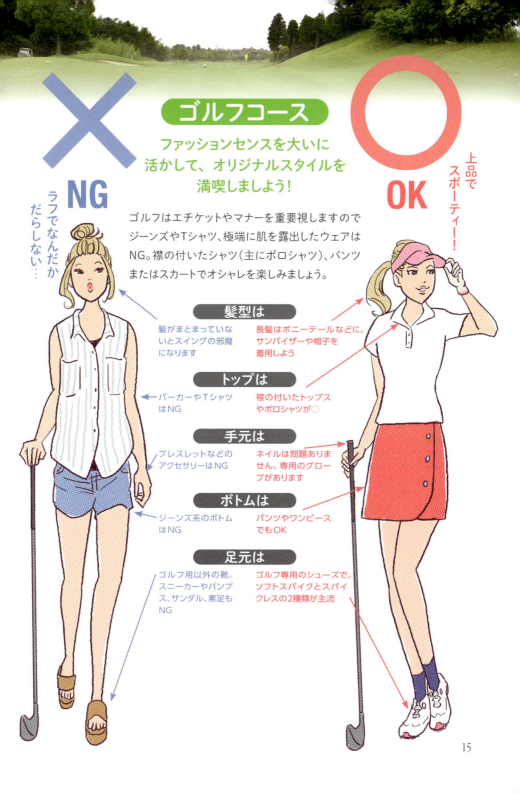

Begin the golf

初心者女子の これからゴルフ 2

ゴルフ
ウェア❶

ベストはポロシャツやワンピースに合わせて、上手に着こなしたい。

Spring

春はフェアウェイのグリーンが最も映える季節。ウェアを選ぶのも何だか楽しくなります。オリジナルなファッションで差をつけちゃいましょう。

軽くて動きやすいパンツ。伸縮性に優れています。

ガラの入ったスカートは無地のポロシャツと合わせましょう。

大きなつばが特徴のサンバイザーやスポーツ感あふれるキャップは日差しが強い日には必需品です。

Summer

夏はちょっとハデ目のウェアでも大丈夫です。豊富に揃っているポロシャツやスカートを上手にコーディネートしましょう。

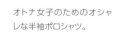

オトナ女子のためのオシャレな半袖ポロシャツ。

情熱的な赤いスカートは夏にピッタリ。上着もカラフルなものを選びましょう。

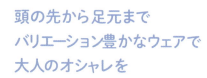

頭の先から足元まで
バリエーション豊かなウェアで
大人のオシャレを

Begin the golf

初心者女子の これからゴルフ 2

ゴルフウェア❷

秋から冬にかけては落ち着いたウェアが主流。お気に入りのウェアで目一杯楽しもう。

Autumn

秋は春と同じようにゴルフに最適な季節です。ファッションセンスを活かして思い切りエンジョイしましょう。

長袖のポロシャツとベストの相性は抜群。

秋らしい落ち着いたスカートでシックにまとめましょう。

豊富なバリエーションの中から
冬にしかできないオシャレを楽し
みましょう。

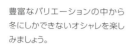

Winter

寒いので保温効果の高いインナーや
アウターを着用するようになりますが
動きやすい軽めの素材のものを選びましょう。
防寒用のグッズを利用することも忘れずに。

寒い冬でもパフォーマ
ンスをささえる機能性
が高いパンツ。

Begin the golf

初心者女子の これからゴルフ 3

コースに出る時に そろえておきたい
ゴルフグッズ

ボールポーチ
ボールを素早く出せて便利です。デザインや大きさなどさまざまなタイプがあります。

サングラス
日差しの眩しさを軽減します。激しい動きや発汗時にズレにくいものを。

ゴルフグローブ
グローブの素材は「天然皮革」と「人口皮革」の2種類があります。指先をカットしたネイルを見せることができるものもあります。

シューズケース
巾着型、セパレート型など形状はさまざま。小物や着替えを入れることもできます。

ヘッドカバー
クラブを傷つけないためにかぶせます。オシャレなカバーが豊富にあります。

アイアンカバー
1本ずつ入れるタイプとまとめて入れるタイプがあります。まとめて入れるタイプが一般的です。

パターカバー
L字型やマレット型などパターの種類と同じカバーを選びましょう。

ラウンドバッグ
女性は日焼け止めやメイク直しの道具などを入れるのに必要です。

レインウェア
ウェアに合わせて、セパレートタイプやワンピースタイプをチョイスしましょう。

ゴルフバッグ
ゴルフウェアやシューズ、着替えなどを入れます。大き目のものが便利です。

初心者女子の これからゴルフ 4

ゴルフクラブって こんなもの

ボールを打つための道具です。
飛ばしたい距離により
打つクラブは異なります。

クラブとは

ゴルフクラブは遠くに飛ばすことが目的のドライバー、グリーンの近くに運ぶことが目的のウッドやユーティリティー、アイアン、カップに寄せることが目的のウェッジ、カップに入れることが目的のパターに分かれています。

クラブは長いクラブほど遠くに飛ぶようになっているため、飛ばしたい距離によってクラブを使い分けします。

1回のラウンドで使えるクラブはパターを含めて14本までです。初心者のうちは必要なクラブだけを持って行ってもいいでしょう。

女子の
チェック
ポイント

● 最初は半分のセットでもOK
（右ページ★）

● 男性は3番ウッド（スプーン）やミドルアイアンを持っていますが、アマチュア女性は右ページのセットがお勧めです。

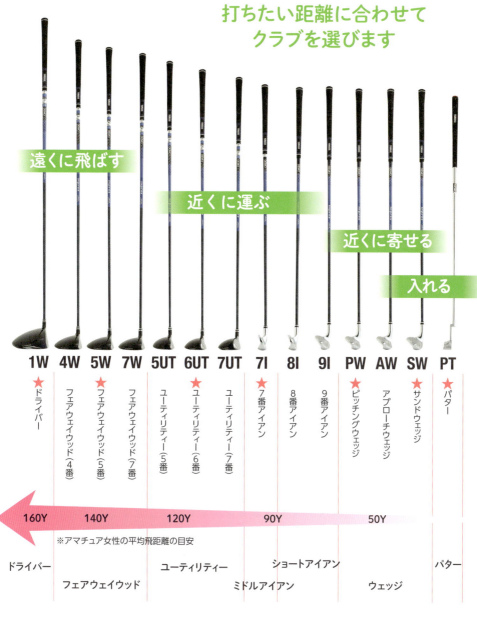

Begin the golf

初心者女子の **これからゴルフ 5**

クラブの種類❶

ゴルフクラブはそれぞれのクラブによってその役割が異なります。

Wood ウッド……▶ 飛ばす
ドライバー、フェアウェイウッド、ユーティリティー

Iron アイアン ▶ 運ぶ

Putter パター…▶ 転がす

グリップ
クラブを握る部分のこと。すべりにくくしてあります。

シャフト
ヘッドとグリップを結ぶ棒状の部分。

ヘッド
ボールを打つ部分。

1W Driver
ドライバー

ボールを飛ばすことに重点をおいたクラブ。シャフトの長さやヘッドの大きさがさまざまなので、自分に合ったクラブを選びましょう。

トゥ
ヘッドの先端部分。

フェース
ボールをヒットする面。

ヒール
クラブヘッドのシャフトよりの部分。

FW Fairway wood
フェアウェイウッド

地面から打って
ボールを遠くへ飛ばすクラブです。

UT Utility
ユーティリティー

フェアウェイウッドとアイアンの間のクラブ。
女性の場合、ミドルアイアンよりも
打ちやすい。

Begin the golf

初心者女子のこれからゴルフ 6

クラブの種類❷

クラブは各メーカーから発売されていますが、構えやすさやフィーリングを大切にし、自分に合ったものを選びましょう。

フェース
ボールをヒットする面。

ネック
クラブシャフトとヘッドがつながっている部分。

スコアライン
フェース面に入っている線。

ロフト角
クラブシャフトの中心線に対してのフェース面の傾斜角のこと。角度が大きいほどボールは高く上がり、飛距離は出ません。

IR Iron
アイアン

飛距離より方向性を重視するクラブです。女性の場合、シャフトの硬さはLとAの2種類があります。初心者女子の場合はLが一般的です。

リーディングエッジ
フェース面とソールの境界線のこと。ゴルフクラブの「刃」とも呼ばれる。

PT Putter
パター

パットを打つ時に使うクラブ。いろいろな形がありますので、自分に適したパターを選びましょう。

フェース ボールをヒットする面。

パターにはピンタイプ、マレットタイプ、ネオマレットタイプ、L字タイプの4種類があります。そしてシャフトがヘッドの真ん中や端についているものがあります。手にとって打ちやすいパターを選びましょう。

パターの種類

ピン型　L字型
マレット型　ネオマレット型

マークにボールの中心が来るようにセットします。

ゴルフボールの選び方

ゴルフボールは飛距離が出やすいボールと、飛距離は抑え目にして、グリーンに止まりやすいボールがあります。女性は飛距離重視のボールがいいでしょう。

42.67mm 原寸大

Begin the golf 7
初心者女子のこれからゴルフ

練習場デビュー

ゴルフ練習場へは動きやすい服装で行きましょう。シューズは運動靴でもOKです。

●撮影協力：ダイナミックゴルフ成田

【 マナー 】

前後の打席に気をつけて練習しましょう。グループで来て大声で会話すると他の人に迷惑がかかるので控えるべきです。携帯電話はマナーモードにしましょう。

【 料金 】

練習場の規模や立地場所、設備の充実度などによって異なりますが、入場料（1打席料）が500円前後、ボールが30〜40球で500円前後の練習場が多いようです。時間の制限はありません。クラブ（1本）は500円前後でレンタルできます。詳細は、事前にネットや電話で調べることをお勧めします。

① ゴルフ練習場へ到着

フルセットでもOKですが、特に練習したい3〜4本を、クラブケースに入れて持って行くのがいいでしょう。

③ レンタル

ゴルフクラブやシューズはレンタルもできますが、グローブは自分のものを持って行きましょう（場内のショップでも買えます）。

② フロントで受付

打席を選びます。ボールを買うためのプリペイドカードなどを売っていたら購入します。

④ 指定の打席へ

打席へは練習している人の背後を通りますので、気をつけて歩きましょう。

❺ ボールを準備

打席の近くにあるボール貸し機にコインやカードを入れてボールを出します。ボールの出口にカゴをセットすることを忘れずに。

❻ 打席は

1打席で2人まで利用できる所が多いです。ボールのセット方法は練習場によって異なります。自分でボールを置いて打つケース、設置のボール入れにボールを流し込むケース、プリペイドカードなどで自動的にボールが出てくるケースなどがあります。
ティーの高さは打つクラブによって調節します。

❼ 練習スタート

ウェッジやショートアイアンから順に打ち始めるのが一般的です。

Begin the golf

初心者女子の これからゴルフ 8

シミュレーション ゴルフ

初心者女子にとってゴルフ練習場に行くのはハードルが高いかもしれません。
室内で快適なプレーが楽しめるシミュレーションゴルフは私服で気軽に練習できるし気の合った仲間とラウンドすることもできるのでお勧めです。食事やお酒を楽しめる店もあります。

各打席は十分なスペースをもって仕切られていますので、安心してスイングをすることができます。

■撮影協力／ブリヂストンゴルフガーデンTOKYO

【マナー】 大声で騒ぐのは迷惑なのでやめましょう。また、クラブを所定の場所以外で振ったり、クラブで床などを強く叩くのは厳禁です。

【料金】 時間制で、1打席（4名まで）の値段になります。1時間で4000円前後（4人の場合は、1人1000円）の所が多いようです。30分単位での精算もOK。平日と休日、昼間と夜間で料金が違ってきますので、前もって電話やネットで確認しましょう。

❶ フロントで受付

利用する時間や人数などを申し込むと、スタッフがシミュレーションゴルフの流れを説明してくれます。

❷ 必要なものをレンタル

シューズ、グローブなど必要なものはレンタルできます。クラブはフルセット用意されています。

❸ 打席での説明

希望するコースが決まれば、スタッフがマシンの設定をしてくれます。ラウンドコースの場合は、ビギナーコースから日本、世界を代表するゴルフコースをモデルにしたリアルなコースがありますので、さまざまなコースを満喫することができます。

❹ プレー開始！

ボールをセットしたら、ドライバー、アイアン、ウェッジと、グリーンに乗るまで打っていきます。打球はスクリーンに反映され、飛距離や方向、グリーンまでの残りの距離も表示されます。

❺ パッティング

グリーンに乗ったらパターを打ちます。傾斜が表示されますので、その傾斜と距離を考えながらパッティングをします。

教えて！香織プロ

ゴルフを始めるにはどうすればいいの？

教えて！香織プロ
わたしもゴルフ始めてみようと思うのだけど
どうすればいいかしら？

そうねぇ。この本にも載っているけど
まずは**練習場に通う**ことかな。
近くに練習場がなかったら**シミュレーションゴルフ**でもいいと思うよ。
会社帰りに気軽に行けるし、手ぶらでも大丈夫だから。

料金の目安

- ●練習場
  - 入場料――――――300円〜500円（無料の場合もある）
  - ボール代――――――1球　5円〜30円
  - クラブレンタル（1本）－200円〜500円（無料の場合もある）
- ●シミュレーションゴルフ
  - 打席代――――――1時間　2,000円〜4,000円
  - ＊お酒が飲めるゴルフバーの場合は別途料金がかかります。

すぐに上達できるかしら？

なかなか自分のスイングはわからないから
ゴルフスクールに行くのもありね。

スクールは、**先生との相性**があるから
まずは**体験レッスン**に行くのがいいわ。
愛美さんは私がレッスンしますね。

わぁ、ありがとうございます！

料金の目安

- ●ゴルフスクール
  - 入会金――――――3,000円〜5,000円
  - パーソナルレッスン－1時間5,000円〜（都市部は10,000円以上）
  - グループレッスン――1時間3,000円〜（月額10,000円〜15,000円）
  - ラウンドレッスン――1人20,000円〜

＊各施設の料金は事前にホームページなどで調べてから行きましょう。

Chapter 2

初心者女子の
見て覚える
ゴルフの
基本

Basics of Golf

見て覚える ゴルフの基本 **1**

動画も CHECK!

「飛距離が出やすい」
グリップの握り方
https://youtu.be/tYl-qJeBJvM

グリップは3種類

クラブの握り方には「インターロッキング」、「オーバーラッピング」「ベースボール」という3つのグリップがあります。

Inter locking

1

インターロッキンググリップ

右手の小指と左手の人差し指を絡める握り方。

- 両手の一体感が出しやすい
- 力が込めやすい

右手の小指と左手の人差し指を絡める

2 Overlapping

オーバーラッピンググリップ

右手の小指を
左手の人差し指にのせる握り方。

- 力のある人向き
- クラブを繊細に扱える

右手の小指を
左手の人差し指に
のせる

3 Baseball grip

ベースボールグリップ

10本全部で握る。野球のバットの握り方。
右手の力が一番使えるので
力が思うように入らない
スライス（打ったボールが右にカーブして
飛んでいくこと）してしまうという
力のない女性に試してもらいたい
握り方。

Basics of Golf
見て覚えるゴルフの基本 2

クラブを握って みましょう

グリップにもルールがあります。

「インターロッキング」の正しい握り方
https://youtu.be/ximHdlwxWNk

動画もCHECK!

右手
右手の人差し指と親指でV字をつくり、そのV字が**右脇を指す**ようにする。

左手
左手の**指のつけ根の盛り上がっているところ**が中指まで見えるように、手を内側にかぶせる。

V字が右脇を指す

中指まで見えるように

スライスが出てしまう人は、左手の**薬指のつけ根が見える**ように、さらに内側にかぶせて下さい。

女性の場合手首が伸びやすくなってしまう

グリップのステップ

① クラブは**左手から先に**握ります。

② 中指・薬指・小指の**つけ根**で握ります。ここでグリップすると**手首の角度が変わりにくく**なります。

③ 左手の親指と人差し指の位置を合わせます（親指が長くならないようにします）。

④ 右手は**生命線を左手の親指に合わせて**ソフトに握って下さい。

⑤ グリップ完成！

指の付け根で握る

右手の生命線を左手の親指に合わせる

左手 中指のつけ根が見えるように内側にかぶせる

右手 右脇を指すようにする

見て覚えるゴルフの基本 3

正しいアイアンの
アドレスの作り方
https://youtu.be/yRz5P4JNJ84

アドレスが一番大事です

アドレス（構え方）で気をつけるのは前傾の仕方です。

クラブを
横にして
足のつけ根に
当てる

背中を
曲げずに
前傾

初心者の場合、棒立ちのまま背中を丸めて構えてしまう人が多いのですが、背中を曲げずに腰から前傾します。

反り腰に注意!

女子のチェックポイント

女性は体が柔らかいので反り腰になってしまう人が多いです。反り腰は必要以上にクラブを振り過ぎる原因にもなるし、腰痛にもなりやすいので、反りすぎないようにしましょう。

手の位置

肩幅くらいに足を広げたら、ヒザを軽く曲げます。力を抜いて腕をおろすと、グリップはちょうど**肩の真下**になります。最初は少し窮屈に感じるかもしれませんが、この位置で慣れるようにして下さい(手が前に出るとボールに力が伝わりません)。

アイアンの場合

グリップの位置は肩の真下

ドライバー・FWの場合

グリップの位置はあごの下

長いクラブは上体が少し起きるので、肩ではなく**あごの真下**になります。

右肩が前に
出てしまうのに注意

スイングしやすくなる
アイアンのアドレス時の注意点
https://youtu.be/DXARlrZsj2s

クラブを顔の正面で握ると、左手が下、右手が上になるので自然と右肩が高くなります。そのままクラブを下ろすと手元が真ん中から右寄りになり、右肩が前に出ます。

下ろすと手元が真ん中になります

右肩が前に出てしまいます

右肩が高い

このまま振ると、クラブが正しい軌道よりも外側から入るので正確にボールに当たりません。

クラブを顔の正面で握ったら少し右肩を下げ、**左右の腕の高さを地面と平行にします**。腕を下ろすと手が自然と左太ももの内側の位置（ハンドファースト）になり、右肩も前に出ません。

感覚的には右肩が下がったように感じます

肩・腕の高さを地面と平行にします

下ろすとハンドファーストになります

スクエアなアドレスになります

Basics of Golf

見て覚える ゴルフの基本 5

動画もCHECK!

ドライバーのアドレス
https://youtu.be/ya6fAI2L75o

クラブごとにアドレスは変わります！

スタンス（足の幅）はドライバーのように長いクラブは広く
ウェッジのように短いクラブは狭く構えるのが基本です。

アイアン（基準）

スタンス
肩幅

ボール位置
センター

フェアウェイウッド（FW）

スタンス
肩幅より靴片方分右にスライド

ボール位置
センターよりやや左

スタンスはアイアンの時の肩幅を基準にします（ボールの位置はセンター）。フェアウェイウッドはアイアンと同じようにセットしたら、右足を靴片方分右にスライドさせます。そうするとボールの位置はセンターよりやや左になります。
ドライバーはさらに靴片方分右にスライドさせます。ドライバーはティーアップしているのでセンターからアッパー（上方向）で打つために、ボールの位置はフェアウェイウッドよりもさらに左になります。ティーの高さによっても変わるので、左足かかと線上を目安にして、打ちやすい位置をさがしましょう。

ドライバー

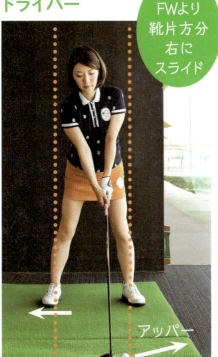

スタンス
FWより
靴片方分
右に
スライド

アッパー

ボール位置
左足かかと
線上付近

ウェッジ

ボール位置
特殊な打ち方
でなければ
センターか
少し右

ウェッジは打つ距離が短くなればなるほどスタンスを狭くし、グリップも短く握ります。

女子のチェックポイント

スタンスは広げすぎない！

スタンスは広げすぎると体が回転しにくいので、うまく打てません。
女性は広すぎる傾向にあるので
最初はむしろ狭くすることをお勧めします。

Basics of Golf

見て覚える ゴルフの基本 6

きれいな スイングを しましょう
(始動～トップ)

スイングの基本
https://youtu.be/GKrSllGoZpI

動画も CHECK!

女子の チェック ポイント

女性の場合、すぐにクラブを内側に引いてしまう傾向があります。右足の前までまっすぐ引きましょう。

〈始動〉　　　　〈テイクバック〉

この時 クラブのトゥが 天井を向くように

右足の前まではフェース面を変えず、まっすぐ引く(両足のつま先と平行に引く)ようにしましょう。

クラブが地面と平行になった時、**クラブの先の部分(トゥ)が天井**を向いているようにしましょう。

ゴルフは構えてからフィニッシュまでほんの数秒で終わってしまうため、スイング中にチェックポイントを確認することはできませんが、ゆっくり素振りをしてポイントをチェックして下さい。きれいなスイングは無駄のないスイングなので、飛んで曲がらない球が打てるようになります。

〈バックスイング〉　　〈トップ〉

クラブと腕の角度は90度

バックスイングからトップにかけて上体が起き上がってしまう人が多いので、前傾角度をキープできるようにしましょう。

腕が時計の9時を指した時、**おへそも胸も右斜め45度**の方向を向きます。この時、**ヒザ**が右にスライドしやすいのですが、**できるだけ動かさない**ようにしましょう。

おへそはバックスィングの時とほとんど変わらず、右斜め45度のままですが、**胸はさらに回転し、完全に右を向きます。**

Basics of Golf

見て覚える **ゴルフの基本** 7

きれいな スイングを しましょう
（ダウンスイング〜フィニッシュ）

ダウンスイングからフォローにかけて頭の位置、前傾角度を変えずにスイングできるとボールがフェースの芯に当たることが多くなり飛距離が出ます。

〈ダウンスイング〉

おへそは正面に戻りつつありますが、胸はまだ右を向いています。下半身が先行し、上半身が後からついてくると飛距離が出るようになります。

〈インパクト〉

インパクトで気をつけたいのはヘッドアップしないことです。打った後もボールがあったところを見続けるようにすると、体の開きがおさえられ、強い球が打てます。

女子のチェックポイント

腕とクラブの角度に注意！

フォローで女性はクラブを放り出したようになってしまう人が多いのですが、写真のように腕が地面と水平になった時、腕とクラブの角度が90度くらいになるようにしましょう。

〈フォロー〉　　　　　〈フィニッシュ〉

クラブと腕の角度は90度

フォローで腕が地面と水平になった時でも**ボールがあったところを見ている**ようにしましょう。

左にしっかりと体重をのせ、シャフトが首にまきつくよう、最後まで振りきりましょう。この状態で止まっていられるバランスの良いフィニッシュをしましょう。

教えて！香織プロ

いつコースデビューできるかしら？

いつコースデビューできるかしら？

そうねぇ。もうそろそろいいかもしれないわね。
誰と一緒に行くつもりなの？

友達のあやちゃん。
同じくらいにゴルフの練習を始めたの。

それはお勧めできないわ。

> **❗ 初めてのラウンドで気をつけたいこと**
>
> ゴルフは、前半後半をそれぞれ
> 2時間10分～20分でラウンドするスポーツです。
> **1組に初心者は1人までで**
> 上手な人にサポートしてもらいましょう。
> **ゴルフのマナーも教わりたい**ものです。

コースは傾斜もあるし、**練習場とは全然違うの。**

はぁ、ではまだ当分無理ね。

そんなことないわ。でもその前にショートコースで
ラウンドした方がいいかもしれないわね。

> **料金の目安**
>
> **ショートコース**
> 9ホールで平日2,000～3,000円（土日は1,000円プラス）。
> 距離は100ヤード前後のところが多いが
> 200ヤード以上のコースもある。

＊各施設の料金は事前にホームページなどで調べてから行きましょう。

Chapter

3

初心者女子の練習場
ゴルフレッスン

スイングは7時・5時から
始めると早く上達します！
https://youtu.be/2jECyyo6Kig

ボールを打ってみましょう！

ゴルフは最初からクラブを大きく振ろうとせず小さいスイングから徐々に大きくしていくのがうまく打てるようになるコツです

7時～5時のスイング

スタンスを閉じたまま腰から前傾します。自分の体を時計に見立て、グリップの位置が7時から5時の範囲でクラブを振ります。

練習場に行くとティーが出ているのでそれをボールだと思って打ってみて下さい。アドレスしたら7時でイチ、5時で二と振ります。

クラブはソフトに握るとヘッドの重さを感じることができ、リズムよく振ることができます。

次はティーを連続で打ってみましょう。

7時から5時でクラブを振ったら、5時から7時に戻す時もクラブの背でティーを打つようにしましょう。クラブを振る時はティーを打てても、戻す時は意外と当たりません。これは振った後に体が起き上がってしまうからです。振る時も戻す時もティーが打てると、スイングの途中で前傾角度が変わっていないので、しっかりボールを打つことができます。

9時〜3時のスイング（ハーフショット）

7時〜5時でティーに当たるようになったら次はもう少しスタンスを広げて9時〜3時でティーを打ってみましょう。

スイングが大きくなるので、クラブの動きに合わせて9時で左足、3時で右足が少し曲がります。この時、それぞれ反対の足は動かないように気をつけましょう。

飛距離が伸びる練習法①

女性の一番の悩みは飛ばないことです

初心者の女性にありがちなNGスイング

力のない人、細い人、特に初心者の女性はクラブの重さに負けて右に左に動いてしまう傾向があります。ゴルフは体を回転してボールを飛ばすので、これでは飛距離が出ません。スイングはおへその向き（お腹の動かし方）が大事です。

ステップ素振り

1. クラブを右に上げる時（バックスイング）に**おへそをしっかり右に向け**ます。

2. 左に振る時（ダウンスイング）にも同じように**おへそを左に向け**ます。

これだけでボールがしっかり飛ぶようになります。

足踏みを加えて体重移動

1. バックスイング時に**おへそを右**、ダウンスイング時に**おへそを左**に向けますが、この時に足踏みをいれます。

2. 右に上げる時におへそを右に向けながら**左の足もしっかり上げ**、そこから左に振る際におへそを左に向けながら、しっかりと**左足に体重を乗せ右足を上げ**ます。

これができると回転運動に足の力が加わり
リズムも良くなって、もっと飛距離が出るようになります。

飛距離が伸びる練習法②

フェース
ローテーション
https://youtu.be/G_sBVIZKb9U

手首の使い方はとても重要です

初心者はボールにクラブの面をまっすぐ当て
目標方向に向かって振ろうとしますが、クラブの面は開閉し
目標よりも左に振った方がいいショットが打てます。

トップ

① クラブを肩の高さまで上げ、手首の角度が90度になるようにします

② 角度を保ったまま右に回すとトップの時の手の形になります

飛ばない人
スライスする人は
手首を使えていません

手首を左に回す動きは慣れないと難しいです。肩の高さでスムーズに動かせるようになったら、次は前傾したアドレスの形でやってみましょう。手首の角度が広がってしまうとクラブが地面についてしまうので、そうならないように気をつけて連続で動かします。

これができるようになったら体の回転を入れて振ってみましょう。この練習を続けると手首が使えて、さらに飛ぶようになります。

インパクト

③ 少し戻って右に傾いたところがインパクトの形です

フォロー

④ そこから急激に左に回した形がフォローです

Golflesson in Driving range

練習場ゴルフレッスン **4**

動画も CHECK!

ドライバーの
飛距離を伸ばす練習法
https://youtu.be/wlix44Z8wfY

ドライバーの
飛距離を伸ばす
簡単な練習法

ドライバーはアッパー軌道で
打ちましょう

ドライバーで
飛距離を出すには
アッパー軌道で
打つことが重要です

飛距離が出ない人は、クラブが
上から下りてくる時に当たっているため
ボールが上がりすぎたり
スライスになったりします。

女子の
チェック
ポイント

女性は頭が前につっこ
んだり、上半身が左に
動いてしまうことが多い
のですが、マークのところ
(赤いマル)にボールが
あると思って打つと、頭
が残って軸がぶれない
スイングになります。

ここにボールが
あると思って振る

ドライバーをアッパー軌道で打つには

ボールの後ろ10cmくらいのところに目印を置き、そこにボールがあると思ってスイングしましょう。
その目印が最下点になるので自然とアッパーで打てます。それができると、同じヘッドスピードでも飛距離が伸び、ボールが着地してからもよく転がります。インパクトからフォローにかけて振り抜きが良くなりヘッドスピード自体も上がります。

頭が残る

フェアウェイウッドが
すぐにうまくなる練習法
https://youtu.be/64MHWyV1aeU

フェアウェイウッドがうまく打てる練習法

フェアウェイウッドは女性ゴルファーの武器です

8時から4時（ヒザからヒザ）でボールを打ちましょう

20～30ヤードを、ボールをポーンと打って、当たる感覚を身につけて下さい。
ヒザからヒザの小さいスイングでもバックスイングでしっかり右を向きましょう。
おへそを右斜め45度まで動かすことを意識して下さい。
次に徐々にスイングを大きくしていきますが、飛ばそうとしてクラブを力いっぱい振ると、かえってボールは飛びません。フォローにかけてスピードが上がっていくように振ると、ヘッドスピードが上がり、飛ぶようになります。

ヒザからヒザのスイングで
ボールが上がるのを確認

フォローにかけて
スピードが上がるように振ります

おへそを動かさず手だけでクラブを上げると、ダウンスイングでクラブが外から入り、インパクトで胸が左を向いてしまい、うまくボールに当たりません。バックスイングで体をしっかり右に回すと、クラブを上げる軌道と下ろす軌道が同じところを通りやすくなります。

バックスイングでおへそをしっかり右に回すと
インパクトで体が開かず良いショットが打てます

Golflesson in Driving range

練習場ゴルフレッスン **6**

スコアが縮まるアプローチの構え方

動画も CHECK!

初心者でもぴったり寄せられるアプローチの構え方
https://youtu.be/24wh35Ckn1s

アプローチのアドレスで気をつけたいことは3つあります

右体重

手が左すぎる

1 クラブを短く持ち、スタンスを狭くして小さく構えましょう。

2 左右の足への体重のかけ方は、左足に6〜7割です。右足体重だとダフリもトップも出やすくなります。

3 グリップの位置は自分の目から見て、ボールの位置より少しだけ左にします。すごく左にしてしまうとリーディングエッジ（クラブの刃の部分）が地面に刺さりやすくなります。

アプローチで大事なことはフォローまでしっかり体を回すことです。バックスイングからフォローまでグリップエンドがおへそを指すようにスイングしましょう。これができるとヘッドが走るので失敗しなくなります。

アプローチが下手な人はインパクトにかけてスピードが遅くなっていたり、止めてしまったりしています。アプローチは小さく構えて、フォローまでしっかり振ることがポイントです。

**10ヤードのアプローチ
（7時～5時）**

**30ヤードのアプローチ
（9時～3時）**

アプローチは上げたり、転がしたり、いろいろな技がありますが初心者女子の場合は7時～5時と9時～3時の打ち方に徹底しましょう。目の前にバンカーなどがあっても、この2つがきちんとできれば30ヤード以内を確実にグリーンオンできます。

アプローチが うまくなるための 大事なポイント

アプローチ
基本の打ち方
https://youtu.be/GSmE2TYe3q4

アプローチで大事なことは5つあります

女子の
チェック
ポイント

サンドウェッジを使わない

サンドウェッジはバンカー以外では難しいクラブなので、アプローチウェッジかピッチングウェッジを使いましょう。

1 ボールを自分で上げようとするとミスが出ます。クラブにはロフト（角度）がついているので、スイングすると勝手にボールは上がります。腰から腰（9時～3時）までポーンと振って、確かめてみて下さい。

②……振り幅を左右一定にしましょう。バックスイングとフォローのどちらかが大きいと距離を合わせるのが難しくなります。ヒザからヒザまで、腰から腰までの打ち方がどれくらい飛ぶかをつかむようにして下さい。体をしっかり回して振ります。

③……体はしっかり左に回しますが、頭はできるだけアドレスの位置のまま、ボールがあったところを見続けるようにしましょう。ボールの行方が気になり、頭が動いてしまうとミスが出やすくなります。

④……メトロノームのように一定のテンポでリズムよく振りましょう。

⑤……スイング中はグリップを握る強さを一定にして下さい。インパクトで強くなる人が多いのですが、そうなるとクラブがフォローまで振りにくくなり、ダフリもトップも出てしまいます。
クラブは卵を割らないような力感でソフトに握りましょう。

練習場ゴルフレッスン 8

バンカーを1回で脱出する打ち方

バンカーを1回で
脱出する打ち方
https://youtu.be/n5-bWIu3qcQ

バンカーはバウンスを使うと簡単に出ます

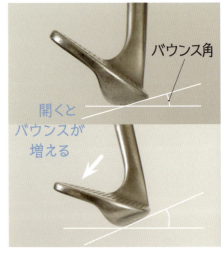

バウンス角

開くと
バウンスが
増える

バウンスを活かすためにはフェースを開く必要があります。正面から見て斜め45度くらいにフェースを開いてからグリップします。

フェースを
開いたら
体も左を向く

フェースを開いてからグリップする。ボールはセンターよりも左に置く。

フェースを開くとボールが右に飛ぶので、打ちたい方向よりも左を狙う。

特に気をつけたいことは、ヒザの高さを変えずに、左右のつま先を結んだ線に沿って振ることです。ボールの手前の砂を打つので、打つ距離は短くてもクラブをしっかり振って、砂を爆発させましょう。

つま先を結んだ線に沿って振る

ヒザの高さを変えない

ルール改正

2019年1月の改正ルールで、バンカーに入ったら2罰打を加え、バンカーの外側後方にドロップすることができるようになりました。バンカーショットに自信がなかったら、バンカーの外から打つ選択肢もあります。

Golflesson in Driving range

練習場 ゴルフレッスン **9**

パター
基本の打ち方

パター 基本の打ち方
https://youtu.be/9Qd0xtwwGio

パッティングは上半身と下半身を別々に動かすことが重要です

> パターの芯で打つ

> ボールは左目の下

> 下半身は動かさない

パッティングで大事なことは芯で打つことです。
パッティングの下手な人はお尻が動いてしまっています。お尻が動くと上半身も動いてしまい、うまく打てません。お尻が動かないようにするにはお尻ではなく、みぞおちから上を動かすことを意識しましょう。下半身は固定し肋骨を左右に動かして、肩が垂直に上下するように打って下さい。

お尻が動くと頭も動いてしまう

打った後、ボールを見にいかない

ラウンド直前のパター練習法

パター
距離感のつかみ方
https://youtu.be/ZWL0axWDU_4

距離感のつかみ方

足先から足先

足の外側から足の外側

練習グリーンで、スタンスの足先から足先と
足の外側から外側の2つがどれくらい転がるかを確認しましょう。
なるべく平坦なところで行い、何歩分転がったか歩測します。
それがわかったら上りと下りのラインでプラスマイナス何歩分か確認しましょう。

ロングパットの
練習法

目標から5歩、10歩、15歩のところに
ボールを置き、近い距離から順に打ちます。
これも平らな場所で行いましょう。
5歩と10歩からの距離を打つことで、15歩
の距離感がつかみやすくなります。

ショートパットで
気をつけること

ショートパットは入れたい距離なので
カップを見にいってしまったり
テンポが速くなりがちです。
カップを見ずに頭を残して
決まったテンポで打つと
しっかり入ります。

check!
女子の
チェック
ポイント

女性はパットが苦手な人が多いようです。カップまで何歩か、上りか下りか
どちらに曲がりそうかを打つ前に確認し、経験値を増やすようにしましょう。

傾斜地での打ち方
https://youtu.be/BdVMVaHVpXM

傾斜地での打ち方

傾斜地でうまく打つためのポイント

練習場ではうまく打ててもコースでなかなか当たらないのは、コースにはさまざまな起伏や傾斜があるからです。傾斜地の打ち方はいくつかポイントがありますが、一番大事なことは無理をしないことです。グリーンを狙うと、その前にはバンカーがあったり、奥にはOBがあったりするので、スコアをたくさん増やしてしまうことも少なくありません。

グリーンを狙う場合はセンターを狙い
狙わない場合はフェアウェイのどこに打つかを
きちんと決めて打ちましょう。

つま先上がり

ボールの位置が高いのでクラブを短く握ります。左に曲がりやすいので、目標よりも右を狙って打ちます。下半身はあまり動かさないようにしましょう。

つま先下がり

ボールの位置が低いので空振りやトップが出やすくなります。下半身を落とし、手だけで打つイメージで打ちましょう。右に曲がりやすいので、目標よりも左を狙って打ちます。

左足上がり

左足が高いためクラブが振り抜けず、地面に刺さりやすいので、ボールを少し右に置き、斜面に沿って振りましょう。距離が出にくいので1番手大きいクラブで、目標よりもやや右を狙って打ちます。

左足下がり

左足が低いため空振りやトップが出やすいので、左足に体重をかけ、ボールはやや右に置いて打ちましょう。右に飛びやすいので、目標よりもやや左を狙って打ちます。

練習場での練習の仕方

60ヤード以内の距離を練習しましょう

　練習場では60ヤード以内を中心に練習しましょう。この距離が大きなミスなく打てるようになるとスコアがぐっと良くなるので、1回の練習で打つ球数の1/3はこの練習に費やして下さい。

　また、基本が大事なので、アドレス、グリップ、9時〜3時のスイングは欠かさずに練習しましょう。アマチュアの女子の平均は9番で70ヤード〜80ヤードと言われていますが、これがクリアできている人は9番で100ヤードを目指して下さい。その距離が打てるとドライバーで200ヤード飛ばせるようになります。

　月に1回300球打つよりも、1回の練習が30球と少なくても週に何回か来た方が上達は早いです。家での素振りでもいいので、クラブを振る習慣をつけましょう。

女子のチェックポイント

それぞれのクラブの飛距離を覚えておくことがコースでは重要になります。

ラウンド直前の練習方法

ラウンド前の練習ボールはだいたい1コイン、20球～30球です。
漠然と打っていたらあっという間になくなってしまうので、打つ前に素振りをします。
ウォーミングアップを兼ねて、少し重いものをゆっくり振りましょう。
素振り用の練習器具でも、クラブ2本でもいいです。

ラウンド直前の練習はうまく打つことよりも、その日の調子や傾向（ボールが飛ぶ方向や失敗する傾向）をつかむことが肝心です。
その場でショットの失敗を直そうとせず、当日の自分の調子を受け入れて球を打つと決めることが、いいスコアが出せる秘訣です。

教えて！香織プロ

雨の日のゴルフは大変ですか？

明日は楽しみにしていたのに雨なんです(>_<)

雨は嫌い？

だって、手袋は濡れるし、距離は出ないしスコアも悪くなるし。

大雨だとちょっと大変だけど雨は考え方次第では悪くないんだけどな。

一番は気持ちの持ちようなの。**嫌がっても雨が止む訳ではない**のでこの状況を**楽しんでプレー**しましょう。

私はよほどの大雨でもない限り、レインウェアは下だけ。**上は濡れてもいいの**。着替えを多く持っていき**ハーフで替える**ようにしているわ。

雨でいいことは**グリーンに止まりやすいこと**なの。確かにランは出ないけど、グリーンをオーバーするということがなくなるので、**スコアがまとまるのよ。**

あとは、**風が見えること**。ティーグラウンドとグリーンで風の向きが違うことはよくあるけど、雨だとそれがわかりやすいの。

そうかぁ、プロってそう考えるんですね。私も楽しんでプレーするようにします。

手袋を早めに交換するとか濡れたグリップを拭くとかそういうところは面倒がらずに**丁寧に**することがポイントよ。

Chapter 4

初心者女子のコースデビュー

Make a debut for golf course
初心者女子の コースデビュー 1

コースへ行く前の準備

初めてコースへ行く時は持ち物に悩むもの。
キャディーバッグには何を入れるの?
ラウンドの時には何をどのくらい持って行くの?
ここで確認してみましょう。

キャディーバッグとは

ゴルフクラブを運ぶバッグです。ボールなどの小物も収納できます。手持ちでも、肩にかけても運べます。

□ **ボール**
余裕を持って1ダースは用意したいものです。コースで購入することもできます。

□ **グローブ**
消耗品ですので、予備も持って行きましょう。雨の日はもう一つあれば安心。

□ **ティー**
ドライバー用のロングティーは6〜7本、アイアン用のショートティーは2〜3本あれば大丈夫。

□ **ゴルフマーカー**
グリーンにボールが乗った時に使います。グリーンに刺すタイプと置くタイプがあります。ゴルフ場に無料で置いてあります。

□ **クラブ**
初心者のうちは必ず使う7〜8本でもOKです。

□ **ヘッドカバー**
クラブヘッドを保護するために必要です。

□ **ネームタグ**
他人のバッグと見分けられるようにフルネームにします。

△ **傘**
コースにもありますが自分用のオシャレな傘を持って行くのも一考。

□ **防寒グッズ**
冬のゴルフ場は予想以上に寒いもの。ネックウォーマー、イヤーマフラー、カイロなどを持って行くようにしましょう。

□ **レインウェア**
思わぬ天候の変化に対応できるように準備したいものです。撥水性、通気性のよいモノを選びましょう。

ボストンバッグには

ゴルフウェア、シューズやキャップなどを入れます。帰りの着替えやスキンケア用品も忘れずに。

☐ ゴルフウェア
ハーフ終了時に着替えるなら2組。パンツまたはスカート、ソックス、下着一式。帰りの服装も忘れずに。

☐ サングラス

☐ キャップ・サンバイザー

☐ スキンケア用品
ほぼ一日コースで過ごすためにスキンケアは必要。UV対策も忘れないように。

☐ ゴルフシューズ
ゴルフ専用のシューズを。底にビョウが付いた「ソフトスパイク」と、突起が付いた「スパイクレス」があります。

△ ボールポーチ
プレー中は常にボール2～3個を身につけておきます。ポケットでもいいですが、ボールポーチに入れておくと必要な時にすぐに取り出せます。

☐ グリーンフォーク
グリーン上についたボールの跡などを直します。

☐ 携帯電話
プレー中は電源を切るかマナーモードに。

☐ ゴルフマーカー　☐ ティー
☐ 飲み物　　　　　☐ ばんそうこう
☐ ハンドタオル　　☐ 日焼け止め
△ 虫除けスプレー　△ お菓子

ラウンドバッグには

ラウンドで必要な小物を入れます。コンパクトにして持って行くようにしましょう。

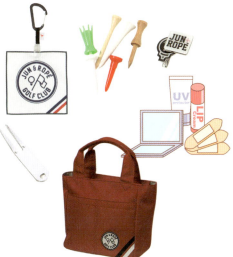

Make a debut for golf course

初心者女子の**コースデビュー** 2

ゴルフ場ってこんなところ

ゴルフプレーは18ホールで1ラウンドです。
1組4人以内でラウンドし、スコアを競います。
（少ない方が勝ちです）

コース *Golf course*

パー3（ショート）パー4（ミドル）パー5（ロング）の3種類のホールで構成されています。

● OUT（アウト）コース
1番から9番までのホール。フロントナインとも言います。

● IN（イン）コース
10番から18番までのホール。バックナインとも言います。

※コース例は芝山ゴルフ倶楽部のコースレイアウトです。

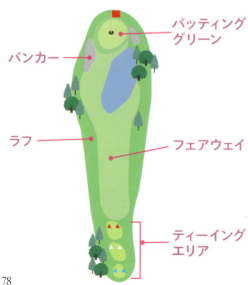

池
コースに点在します。入ってしまうとペナルティーになります。

カート道
乗用カートが通る道です。カートの前や後ろには立たないように。

茶屋
休憩するところ。アウトとインに一つずつあり、化粧室や売店などがあります。

避雷小屋
雷や大雨などが発生した時に避難する場所。

駐車場
クラブハウスの正面に駐車スペースがあります。

練習場
ショットの練習をするドライビングレンジやパターの練習をするパッティンググリーンがあり、バンカーやアプローチの練習ができるコースもあります。

クラブハウス
ゴルフ場のメイン施設。受付やレストラン、売店、ロッカールームなどがあります。

Make a debut for golf course

初心者女子の **コースデビュー** *3*

ゴルフ場のホールは

ティーイングエリア、ジェネラルエリア、バンカー、ペナルティーエリア、パッティンググリーンの5つのエリアでホールは構成されています。

特設ティー
ティーショットがOBだった時に、次打を打つ場所。プレーをスムーズに進行させるために、ローカルルールとして設置しています。

ペナルティーエリア
川、池、溝、排水溝、湖、海など。

打順を決める棒（p84）
1番と10番にあります。これを使って打順を決めます。

ティーイングエリア
各ホールで第1打を打つための場所。バックティー・レギュラーティー・レディースティーなどがあり、年齢、性別などにより打つ場所を替えることができます。

OB
アウト オブ バウンズ。コース外（またはコース内）でプレーを禁じられている地域のこと。OBの境界は柵または白杭で標示しています。

修理地
補修などのために使用されていない地域。青杭や白線で表示されています。

ジェネラルエリア
ホールでティーイングエリア、バンカー、ペナルティーエリア、パッティンググリーンを除いたエリアです。

カラー
グリーンの周りにあり、芝を短く刈っているエリア。

ピン
カップの位置を示すために刺さっている旗。

フェアウェイバンカー
フェアウェイの両サイドにある砂地。

ガードバンカー
グリーンの周りにある砂地。

パッティンググリーン
ボールを入れるためのカップがあるエリア。

Make a debut for golf course

初心者女子の**コースデビュー** 4

コースでの一日

いよいよコースデビューです。ゴルフ場で楽しい一日を過ごすために基本的な流れを見ていきましょう。

コースへはスタート時間の1時間ぐらい前に到着するようにします。朝食を取る場合はもう少し早く到着するようにしましょう。ここでは4人のセルフプレー8時30分スタートの設定で流れを見ていきます。時間は目安です。

1 ゴルフ場に到着

7:00

ゴルフ場に車で到着すると、スタッフが玄関前で迎えてくれますので、朝の挨拶をしましょう。スタッフが車のトランクからキャディーバッグを出して運んでくれます。

ネームタグ
キャディーバッグが迷子にならないように名札（フルネーム）をつけておきましょう。

2 フロントでチェック・イン

7:02

ビジター用の用紙に名前、住所などを記入します。予約した人の名前とスタート時間を伝えます。記入後、ロッカーキーの付いたカードホルダーを渡されます。あらかじめキャディーバッグを送っている人は、受付後に確認しましょう。

3 貴重品を預ける

7:04

ゴルフ場では現金は使わず、全てカードホルダーの番号とサインでまかないます。フロント近くのセキュリティーボックスに財布や車のキーなどの貴重品を預けましょう。

4 ロッカールームへ
7:06

カードホルダーの番号のロッカーを使い、ゴルフウェアに着替えます。

5 レストランで朝食
7:20

スタート時間まで余裕があり、朝食がまだという人はレストランで朝食を。伝票にホルダーの番号とサインをします。

7 練習場(ドライビングレンジ)

7:50

買ったコインを備え付けの機械に入れてボールを出します。練習場の打席は場所の指定はないので、空いている打席を利用します。まずは手、足、腕、肩、腰などの軽いストレッチをしてからボールを打ちましょう。ショートアイアン、フェアウェイウッド、ドライバーをバランス良く打っておきましょう。

6 キャディーマスター室へ
7:45

スコアカード、鉛筆、ティーマーク、グリーンフォークをもらいます。練習用ボールのコインはここで買います。1コインは約30球分です。

8 練習グリーンへ

8:40

自分のボール2〜3個を使ってパッティングの練習をします。本番のグリーンと同じような芝の状態にしてありますので、感覚をつかんでおくと役に立ちます。

いよいよスタートホールへ!

Make a debut for golf course
初心者女子の コースデビュー 4

コースでの一日

さあスタート!! リラックスしましょう!

何回もコースへ行っている人でもスタートホールは緊張するものです。力を抜いてリラックスしましょう。

9 8:20 スタートホールへ

スタート時間の10分前にはスタートホールへ行きましょう。OUTコースのスタートなら1番ホールへ。INコースのスタートなら10番ホールへ行きます。キャディーマスター室の前あたりから同伴プレーヤーと一緒に乗用カートに乗って行く場合もあります。

10 8:23 コースを確認

ティーイングエリア近くの案内板や、カートに積んであるコース図を見てバンカーや池、OBの場所などを確認します。案内図はスコアカードに印刷されている場合や、乗用カートのナビで確認する場合もあります。

11 8:25 順番を決める

スタートホール（1番か10番）には打つ順番を決めるための棒があるので、それを使います。4人が順番で棒を引き、自分が引いた棒の線の数が打つ順番となります。レディースティーから打つ場合は、レギュラーティーのプレーヤーが打った後に打ちます。

12 8:28 ボールを確認

自分が使うボールが同伴プレーヤーと異なっているかを最初に確認します。同じボール、番号の場合はボールを代えたり区別がつくように線やマークを入れます。

13 ティーアップ

🕗 8:30

いよいよスタートです。ティーイングエリアに、ティーアップしてボールを打っていきます。

ティーショット成功!

14 ラウンド中

🕗 8:40

第2打目からはグリーンから遠い人の順でボールを打っていきます。前の組との間隔をあけないように注意しましょう。

ティーショットOB…!

15 ティーショットがOBの場合

🕗 8:35

全員が打ち終わった後にもう一度打ちます（3打目）。特設ティーやボールを失くした場所の近くから4打目として打ってもOKです。

16

🕗 10:50

前半の9ホール終了

前半の9ホールが終了したら、キャディーマスター室で後半のスタート時間を教えてもらい、昼食を取ります。クラブハウスへ入る前に備え付けのエアーガンや雑巾でシューズに付いた芝や汚れを取り除きます。また、途中でクラブを置き忘れていないか確認することも大切です。

85

Make a debut for golf course

初心者女子の コースデビュー 4

コースでの一日

青空の下、気持ちよく体を動かそう

コースへ出ればいろいろとわからないことが起きて悩むものですが、わからないことは同伴プレーヤーに聞き、楽しくラウンドしましょう。

17

11:00

昼食

レストランで昼食を取ります。その時、給仕の人に後半のスタート時間を知らせます。注文する時にホルダーの番号を伝え、食後は伝票に自分の名前を記入します。

18

11:50

後半の9ホールへ

後半のスタート時間の10分前にはスタートホールへ行くようにしましょう。

19

14:10

ラウンド終了、スコアを確認

ラウンド終了後はすみやかにキャディーマスター室前に戻り、スコアを確認してから同伴プレーヤーに挨拶をします。

20 クラブハウスへ
14:15

クラブの本数を確認し、渡された用紙にサインします。キャディーバッグの引換券を忘れずに受け取りましょう。エアーガンでシューズの汚れを落としてから、クラブハウスに戻ります。

21 入浴、着替え
14:25

疲れを癒し、汗を流して着替えをします。タオル、シャンプー、石けん、ドライヤーは用意されています。日焼け後のお肌のケアを忘れないように。

22 精算
14:50

セキュリティーボックスから貴重品を取り出して、フロントで精算をします。最近は自動支払い機で精算できるコースもあります。

23 バッグを受け取る
15:00

引換券でキャディーバッグを受け取ります。クラブを送る人は宅配便の手続きをします。

Make a debut for golf course

初心者女子のコースデビュー 5

スコアカードの付け方

ゴルフの上達には、スコアを丁寧に付けることがとても大切です。
最初のうちは打数が多くて大変ですが
スコアカードを付けることを心がけて下さい。

スコアカード

- **自分の名前**
- **自分のスコア** — 1番左側(横組みの場合は1番上)に自分の名前とスコアを記入します。
- **同伴プレーヤーのスコア**
- **レディースティーのヤーデージ** — 表示されている数字は各ティーからの距離になります(ヤード表示)。
- **規定打数(パー)** — 3、4、5の3種類あります。
- **今日の日付**
- **アウトとインを間違えないように。**
- **パット数**
- **ホール番号** — 何番ホールかを示します。
- **ハンディキャップ** — 18ホールの中で、そのホールの難易度を示しています。数字が小さいほど難しいホールです。
- **スコアの合計**
- アウトとイン18ホールを回って合計で何打、打ったかを書き込みます。同伴プレーヤーのスコアも書き込み、その後で同伴プレーヤーとそのスコアが正しいのかどうかを確認します。

OUT

HOLE	HDCP	BACK	REG	LADY	PAR	ふみ	文太	夢佳	雅美
1	3	420	380	330	4	6 3	5	2	7	3	6	2
2	6	210	190	140	3	5 3	5	3	1	5	2	5	2
3	13	420	380	330	4	7 2	6	3	6	3	7	3
4	1	415	380	328	4				
5	6	491	470	420	5				
6	15	420	380	330	4				
7	3	420	380	330	4				
8	10	210	190	140	3				
9	6	500	470	420	5				
OUT		3506	3220	2768	36				
IN		3500	3220	2770	36				
TOTAL		7006	6440	5538	72				
HANDICAP									
NET SCORE									

IN

HOLE	HDCP	BACK	REG	LADY	PAR
10	4	210	190	140	4
11	10	420	380	330	3
12	5	490	470	420	4
13	2	420	380	330	4
14	15	420	380	330	4
15	8	210	190	140	4
16	10	420	380	330	4
17	17	490	470	420	4
18	6	420	380	330	5
IN		3500	3220	2770	36

COMPETITION:
PLAYER: 日文ふみ

N&B COUNTRY CLUB
DATE 2019 / 3 / 3

PLAYER'S SIGNATURE
MARKER'S SIGNATURE

ホールの種類

18ホールの構成は、ショートコースが4ホール、ミドルコースが10ホール、ロングコースが4ホールが一般的です。

ショート　　　　ミドル　　　　ロング
（パー3）　　　（パー4）　　　（パー5）

基本用語

用語	説明
パー Par	規定打数でホールアウトした時に使います。 パー3のホールでは3打。パー4のホールでは4打。 パー5のホールでは5打で上がった時です。
ボギー Bogey	規定打数よりも1打多く打った時に使います。
ダブルボギー Double bogey	規定打数よりも2打多く打った時に使います。
トリプルボギー Triple bogey	規定打数よりも3打多く打った時に使います。
ダブルパー Double Par	規定打数の2倍の打数で上がった時に使います。 パー3の場合は6打であり、トリプルボギーと同じ打数になります。
ホールインワン Hole in one	ティーショット（第1打）がそのままホール（カップ）に入ること。
アルバトロス Albatross	パーよりも3打少ない打数でホールアウトすること。 「あほうどり」の異名が付いています。
イーグル Eagle	パーよりも2打少ない打数でホールアウトすること。 パー3のホールではホールインワンと同じ打数になります。
バーディー Birdie	パーよりも1打少ないスコアでホールアウトすること。

Par3ホールの
狙い方
https://youtu.be/ZZdwkB-35no

パー3ホールとは？

パー3ホールはショートホールとも呼ばれ
1打でグリーンオンできる距離で設定されています。

距離が短いので初心者でもパーで上がれることもありますが、グリーン周りに池やバンカーが配置されていることが多いので、上級者でもボギーやダブルボギーになってしまうことも珍しくありません。

レディースティーからは100ヤード以下と距離が短いホールや170ヤード以上と距離の長いホールもありますが、120ヤード前後の場合が多いようです。安全なエリアを探して最初から2打目で乗せようと思うと、ティーショットも安定しボギー以内で上がりやすくなります。

Par 3
Short Hall

▲ レディースティー（124ヤード）
△ レギュラーティー（164ヤード）
▲ バックティー（182ヤード）

青杭
修理地に設置されている。無罰でグリーンに近づかない場所にドロップする。

ポイント

○グリーンセンターを狙う。

○池やバンカーがあり自信がない場合は安全なエリアを探してそこを狙う。

Par4ホールの狙い方
https://youtu.be/Wi0cEE6wiTE

パー4ホールとは？

パー4ホールはミドルホールとも呼ばれ
2打でグリーンオンできる距離で設定されています。

パー4は一般的に18ホール中10ホールとコースの半分以上を占めていて、多種多彩なホールがあります。距離の短いホールはティーショットの落下地点やグリーン周りにミスを誘う要素があり、簡単に攻略できないように設計されています。

レディースティーの場合、210ヤードから400ヤード近くまでとコースによってさまざまですが、300ヤード前後のホールが多いようです。300ヤードであれば100ヤードを3回打てばいいと考えて3打目、4打目でグリーンに乗せればいいと考えるとやさしくなります。
ラフに入れてしまうと、力のない女性はボールを飛ばせないので、できるだけフェアウェイをキープするようにしましょう。

Par4
Middle Hall

▲ レディースティー（270ヤード）
△ レギュラーティー（329ヤード）
▲ バックティー（344ヤード）

黄杭
1罰打を加え、入ったと思われる場所とカップを結ぶ後方線上にドロップして打つか、元の位置に戻って打つことができる（ティーショットの場合、ティーアップして打つこともできる）。

赤杭
黄杭と同じ処置の他に1罰打を加えて、入ったと思われる場所から2クラブレングス以内のカップに近づかない場所にドロップして打つことができる。

ポイント

○ 3打目、4打目でグリーンを狙う。

○ フェアウェイをキープする。

○ グリーン周りのバンカーに入れないようにする。

パー5ホールとは?

**パー5ホールはロングホールとも呼ばれ
3打でグリーンオンできる距離で設定されています。**

距離が長いので、初心者はたくさん打ってしまうことが多いのですが、パー3のようなグリーン周りのミスを誘う要素は少ないので、きちんと打てるようになったらパーで上がれます。初心者はパー3が一番パーが取れるホールですが、上級者は逆にパー5が一番パーが取れます。

レディースティーの場合、400ヤード以下のホールも500ヤード以上のホールもありますが、440ヤード前後の距離に設定されていることが多いようです。この距離はドライバーで150ヤード打てたら残りは約290ヤードなので、後は100ヤードを3回打てば、グリーンに乗るか近くまで行きます。
パー5は距離が長くて大変と思うよりも、100ヤードを4回とアプローチでいいと考え方に変えるとやさしくなります。

Par5
long Hall

▲ レディースティー（413 ヤード）
△ レギュラーティー（478 ヤード）
▲ バックティー（493 ヤード）

白杭
ボールが白杭から外に出てしまった場合はOBとなり、1罰打を加えて元の位置から打つか、2罰打を加え、出た場所の付近でグリーンに近づかない場所にドロップできる。ローカルルールで特設ティーを設けているゴルフ場もある。

特設ティー
1打目がOBだった場合、ここから4打目を打つことができる。

ヤード杭
グリーンセンター（エッジの場合もある）からの距離表示。パー4で100と150ヤード、パー5は200ヤードの残り距離がわかるようになっている。

ポイント

○ 距離が長いと思わない。

○ 100ヤード以上を確実に打てるクラブでグリーンに近づける。

○ できるだけフェアウェイをキープする。

Make a debut for golf course
初心者女子の**コースデビュー** 7

ティーイングエリアでの
ルール&マナー

ティーグラウンドは第1打を打つエリアです。
ティーグラウンド上でのルールやマナーを
覚えておきましょう。

ティーアップできる場所

ティーアップできる場所は2つのティーマークの外側を結んだ線から後方に2クラブ以内の地域です。この範囲ならどこにティーアップしても大丈夫です。

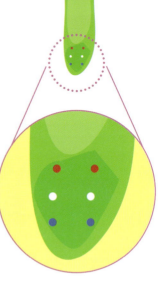

ティーマーク

一般的に3種類（レディース・レギュラー・バック）のティーマークが設置されています。それぞれ女性のゴルファーのために作られた前方のティー、一般的に使用されているティー、上級者が主に使用するティーと役割が分けられています。多くの場合それぞれ赤・白・青のティーマークで標示されています。

主なルール　　　　　　　　　　　　　　　　　　　*Rule*

カラ振りを してしまった

落ちた場所から2打目

ティーショットでカラ振りをしたら第2打はそのままティーアップした状態でボールを打ちます。ただし、風圧等でボールがティーから落ちてしまった場合は、ボールが落ちた地点から第2打を打ちます。

素振りをしていたら ボールがティーから 落ちてしまった

そのままプレー続行

ペナルティーはありません。すみやかにボールを拾い上げて再びティーアップして打ちます。

一度刺した ティーの場所を 変えた

そのままプレー続行

ティーグラウンドで一度刺したティーの場所がちょっと嫌だったので、気に入った場所に刺し直しても問題はありません。

主なマナー　　*Manner*

- ティーグラウンドにはティーショットを行う人以外は入ってはいけません。
- ティーショットをするプレーヤーの視界に入らないようにしましょう。
- プレーヤーがティーショットをしようとしている時は、おしゃべりなどをせずに静かに見守りましょう。
- 自分の打つ順番がくる前にグローブ、ボール、ティーを準備しておきましょう。
- 自分の打つ順番がきたら、すみやかにティーグラウンドで、ティーショットを打ちましょう。
- ティーショートを打ったら素早くティーを回収し、ティーグラウンドから出ましょう。
- 同伴者のボールの行方を見るようにしましょう。

ティーアップできるエリア以外からティーショットをした!

2罰打。ティーアップできるエリアにティーアップをし直してから、第3打目として再び打ちます。もし、同伴プレーヤーが間違えていたら、事前に注意してあげましょう。

打つ順番を 間違えてしまった

ペナルティーはありませんので、そのままプレーを続行します。ただ、マナーとして失礼になりますので気をつけましょう。

ジェネラルエリアでの ルール&マナー

コースの大半を占めるエリア

ジェネラルエリアとはコース上で
ティーグラウンドからグリーンまでの間において
バンカーとペナルティーエリアを除いた
すべての地域のことです。

主なルール　*Rule*

木の根元などに
ボールが飛び
次打を打てない

アンプレヤブルを宣言

木の根元や草むらなどにボールが飛び、次打を打つことができない場合は「アンプレヤブル」を宣言します。アンプレヤブルは1罰打を加えますが、その対処方法は3つあって、最適の方法を採用することができます。

アンプレヤブルの処置

1 最後に打った場所に戻って、ボールのあった場所のできるだけ近くにドロップする。

2 カップとアンプレヤブルのボールを結んだ線上で、アンプレヤブルのボールよりも後方にドロップする。この時はいくら後方でもOKです。

3 アンプレヤブルのボールから2クラブレングス以内でホールに近づかない所にドロップする。

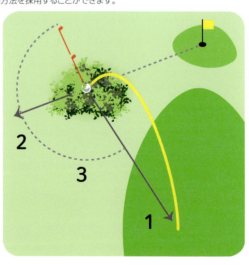

カート道に ボールが止まって しまった	打ったボールが 行方不明…	ボールが汚れて いたので拾い上げて きれいにした
ペナルティーはなし	ペナルティー	1打のペナルティー
「救済のニヤレストポイント」から1クラブレングス以内で、ホールに近づかない所にドロップして、次打を打つことができます。	ボールを捜し始めてから3分以内で発見できなかった場合は、最後に打った場所のできるだけ近くに戻り、1罰打で打ち直すか、失くなったと思われる場所から2罰打で打ちます。	フェアウェイやラフにあるボールを拾い上げてしまうと、1罰打がつきます。

主なマナー　*Manner*

- 第2打目以降グリーンに乗るまでは、使いそうなクラブを2〜3本持って速足で移動します。
- 他のプレーヤーのボール捜しは、可能な限り手伝いましょう。
- 他のプレーヤーが打つ時は、その場所より前に出ないようにしましょう。
- 乗用カートの運転は、運転免許証を持った人がしましょう。
- 乗用カートの前後には立たないように注意しましょう。
- 芝を削ってしまったら、目土(めつち)を入れるのを忘れないようにしましょう(右写真)。

間違って同伴プレーヤーのボールを打ってしまった!

2罰打。あらためて自分のボールを打ち直します。誤球されたプレーヤーは、ボールがあった場所のできるだけ近くにボールを置いてから打ちます。

打ったボールがサブグリーンに乗ってしまった!

サブグリーンの外にニアレストポイントを決め、そこから1クラブレングス以内で、ホールに近づかない所にドロップして打ちます。

Make a debut for golf course
初心者女子の**コースデビュー** 7

池やバンカーでの
ルール&マナー

最善の方法を選択しよう

池、クリークなどのペナルティーエリア、バンカーには入れたくなくても入ってしまいます。主なものを挙げましたので覚えておきしましょう。

主なルール　*Rule*

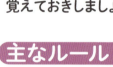

池にボールが
入ってしまった

1打のペナルティー
池にボールが入った場合は、1罰打を受けてその場所から再び打ち直すか、最後に池に入った地点とホールを結んだ延長線上の後方にドロップするなどの処置方法があります。

池、クリークの処置

1 そのまま打つことができればペナルティーはありません。ショットの時にクラブを水面にソールしても大丈夫です。

2 最後に打った場所に戻って、ボールのあった場所のできるだけ近くにドロップする。

3 ボールが最後に池に入った地点と、ホールを結ぶ線上の後方にドロップして打ちます。

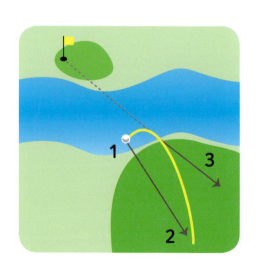

砂に埋まったボールを確認した

ペナルティーなし

バンカー内でボールが砂に埋まっていた場合、ボールを確認するために、指でボールの砂を払って確認しても無罰です。そのままプレーを続けます。

バンカー内にクラブが砂に触れた

2打のペナルティー

バンカー内で構えた時にクラブが砂面に触れてしまうと2罰打がつきます。バンカーではクラブヘッドを少し浮かせて構えます。

バンカー外にボールをドロップすることができる

2罰打を加えます

ボールとホールを結ぶ線上のバンカー外の起点から、1クラブレングス以内でホールに近づかないエリアにドロップすることができます。

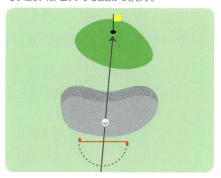

主なマナー *Manner*

- バンカーに入る時は、土手の低いところから入るようにしましょう。
- バンカー内で打った後は、自分の足跡やショットの跡をレーキできれいにならすようにしましょう。
- バンカーへはプレーを迅速に進行するためにもレーキは持って入るようにしましょう。
- バンカー内をならしたレーキはバンカーの縁の適切な場所に置くようにしましょう。

ドロップの正しい方法は？

左右どちらの手でもOKですが、ヒザの高さから落とします。その時、ボールがホールに近づいたり、1クラブ以上転がってしまったらやり直します。2回までやり直しますが、3回目は落下地点にボールを置いて打ちます。

バンカーでボールの近くの落ち葉を拾っても大丈夫？

バンカー内でボールの近くにある落ち葉や小枝、小石などの自然物を取り除いて打っても問題はありません。フェアウェイやラフでも同じです。

Make a debut for golf course

初心者女子の **コースデビュー 7**

パッティンググリーンでの
ルール＆マナー

気持ちよくパッティングをしよう！

グリーン上はスコアに直結するために
同伴プレーヤーのさまざまな動きは
とても気になるものです。
お互いに気持ち良くパッティングができるように
主なグリーン上でのルール、マナーを挙げましたので
チェックしましょう。

主なルール　　　　　　　　*Rule*

**スパイクの跡を
パターで直した**

ペナルティーなし

パッティングの時に気になったので、パットのライン上にあったスパイク跡などの損傷箇所をパターで直しても大丈夫です。他のプレイヤーのためにもグリーン上ではスパイクの跡には気をつけましょう。

**グリーン面を
手で触ってこすった**

ペナルティーなし

グリーンの芝目を読む時に、順目か逆目かよくわからなかったので、グリーン面を手で触って確かめてもペナルティーはありません。芝目を読むには目線や角度を変えればわかることがあります。

マークをせずにボールを拾い上げた

1打のペナルティー

グリーンに乗ったボールをマークをせずに拾い上げた場合は1罰打がつきます。その時はボールを元の位置に戻してプレーします。マークをして拾い上げたボールは汚れを拭いても大丈夫です。

ホールに近いのに先にパッティングをした	ピンフラッグを抜かずにパッティング	アドレスに入ったら風でボールが少し動いた
ペナルティーなし	ペナルティーなし	そのままプレー続行
グリーンに乗った位置が同伴プレーヤーのボールの位置よりも近かったにもかかわらず、先にパッティングをしても問題はありません。原則はホールから遠い順に打っていきますので、注意しましょう。	グリーンに乗った位置がホールから遠くて、ホールの位置がよくわからなかったので、ピンフラッグを抜かずにパッティングをしても無罰です。また、ピンフラッグにボールが当たってもペナルティーはありません。	パッティングのアドレスに入った後で、ボールが風の影響で動いても無罰です。ボールを元の位置に戻すのではなく、動いた地点からパッティングをします。

主なマナー *Manner*

- ピンフラッグは同伴プレーヤーが全員、グリーンにオンしたら抜くようにします。
- 抜いたピンはグリーンの外か全員のパットラインから大きく離れた所に置きましょう。
- グリーン上の芝はデリケートですので、走ったり飛び跳ねたりせずに、静かに歩くようにしましょう。
- 自分のボールマークはグリーンフォークで直すようにしましょう。
- 全員がカップインしたらすみやかにピンフラッグを立てて、グリーンからすぐに出るようにしましょう。
- グリーンのそばではスコアを付けず、次のホールに移動してから付けるようにしましょう。

●グリーン上では立ち位置に注意しましょう。

これから打つ人の真後ろに立つ
ラインに影が落ちる位置に立つ
これから打つ人の真正面に立つ

マークする時にボールに触って少し動いてしまったら？
ボールにマークをする時に、誤ってボールに触ったために、ボールが少し動いてしまっても無罰です。ボールを元の位置に戻してマークをします。

グリーン上でパター以外のクラブを使ってもいいのか？
ルール上は大丈夫ですが、アマチュアの場合は、原則として禁止しています。いくらカップまで遠くてもパターを使いましょう。

教えて！香織プロ

ゴルフを楽しむための３つのエチケット

ゴルフのルールやマナーってたくさんあるんですね。覚えられるかしら。

全部覚えてコースに行かなくても大丈夫よ。でも、絶対覚えておいてほしいことが３つあるの。

教えて下さい

１つめは **プレーファースト** 聞いたことあるかしら。

ゴルフはハーフを２時間10分～20分でラウンドするのは教えたでしょ。
遅れると後ろの組だけでなく
コースにいる**全員に迷惑をかける**ことになるの。

1

- スタートの**10分前**には**スタートホール**で打つ準備をしておきましょう。
- **素振りは1回か2回**。できれば1回で。
- **構えたらすぐに打ちましょう**。なかなか動き出せない人がいますが結果を恐れず、すぐに打った方がいいショットが打てます。
- 次に打つ場所が**近かったらカート**に乗らず**歩いて**向かいましょう。
- クラブは使いそうなものを**何本か持って**行きましょう。
- 走らなくてもいいですが、**きびきびと歩く**ようにして下さい。
- 2打目以降、先に打つ準備ができていたら「先に打ちます」と**声**をかけて打たせてもらいましょう。

ボールを捜したりすると時間がかかるけど
女性は林に入るほど曲がらないから
上に書いてあることがちゃんとできれば、スコアが悪かったとしてもスロープレーにならないわ。

だから
初心者でも安心してラウンドしてね。

2つめは
人のプレーをよく見ること。

えっ?

ゴルフは昼食も入れると1日6時間くらい
一緒にいるでしょ。
自分のプレーだけに集中するよりも
4人全員でプレーすると、スコアも良くなるし
楽しい1日になるの。

どうすればいいのかしら?

②
- 同伴者がいい球を打ったら→「**ナイスショット**」
  グリーンに乗ったら→「**ナイスオン**」。
  打ったボールが隣のホールに行ってしまったら→「**フォアー**」
  の掛け声をかけましょう。

- **ボールの行方を全員で見ましょう。**失くなりそうなボールも早く
  捜せるので、プレーの進行にも役立ちます。

- 初心者の場合、自分がいつ打つかわからなくなることがあります。
  人のプレーをよく見ていると、すみやかに打つことができます。

上級者のプレーを見ると<u>早く上達できる</u>し
グリーンでは<u>どちらに曲がるか、上りか下りかなどもわかる</u>のでいいことばかりよ。

3つめは
人に迷惑をかけないことです。

③
- 打つ前に<u>音を立ててはいけません。</u>
- <u>おしゃべりはダメです。</u>集中力も途切れるし、プレーも遅くなります。
- <u>打つ人の前に出ることはNG</u>です。打つ人の邪魔になるし
  何より危険です。
- 芝を削ってしまったり、グリーンに跡をつけてしまったら、できるだけ
  <u>元の状態に直しましょう。</u>後の組の人たちに迷惑をかけます。

「プレーファスト」「人のプレーをよく見る」
「迷惑をかけない」 この3つは覚えておいて下さい。
では ゴルフライフ楽しんで下さい!

覚えておきたいゴルフ用語

ゴルフには専門的な用語がたくさんありますが、ここではその中から覚えておきたい用語をまとめました。ゴルフをしていると良く使われる用語なので、頭の中に入れておきましょう。

ア

アイアン	クラブヘッドが金属製で作られているゴルフクラブの総称。
アウト オブ バウンズ	一般にOBの略語で使われている。コース外(またはコース内)でプレーを禁じられている地域のこと。白杭で標示されている。
アウトコース	1番ホールから9番ホールまでの9ホールのこと。
アウトドライブ	ティーショットで他のプレーヤーの飛距離を超えること。
アゲンスト	向かい風のこと。「風があげてる」という表現をよく使う。
アップダウン	コースの起伏のこと。
アドレス	ボールを打つ体勢をとること。
アプローチ	近い距離からピンを狙うショット。数種類の打ち方がある。
アルバトロス	そのホールの規定打数よりも3打少ない打数で上がること。
アンジュレーション	フェアウェイやグリーンなどコース内にある起伏、うねりのこと。
アンプレヤブル	ボールがプレーできない状態の時にとられる救済措置。
イーグル	そのホールの規定打数よりも2打少ない打数で上がること。
インコース	10番から18番までの9ホールのこと。
インター ロッキング グリップ	右利きは、右手の小指と左手の人差し指を絡ませる握り方。
インテンショナル	意図的に球筋を曲げること。
インパクト	クラブフェースがボールに当たる瞬間。
ウェッジ	アイアンの一種で、主にアプローチで使うPW、主にバンカーで使うSWなどがある。
オーバー ラッピング グリップ	右利きは、右手の小指を左手の人差し指と中指の間に乗せる握り方。
オナー	ティーショットを一番に打つ人。

カ

カート	クラブを運ぶための手押し車。プレーヤーを載せる車もカートという。
ガードバンカー	グリーンの周りにあるバンカー。グリーンを守るように設けられている。
カジュアル ウォーター	雨などでコース内に一時的にできた水溜りのこと。無罰で救済を受けることができる。
カップ	正式名称はホール。グリーン上にあってボールを入れる穴のこと。直径4.25インチ(108ミリ)。
カップイン	ボールをカップに入れること。
キャディー	プレーヤーのクラブを持ち運び、プレーヤーの補助をする人。
キャリー	打ったボールが地面に着地するまでの距離。
グラスバンカー	砂ではなく長い芝が生えているバンカーの形をした窪地。ソールすることはできる。

クラブヘッド	ゴルフクラブの先端部分でボールを打つところ。
クリーク	5番ウッドの別称。コース内にある小川もクリークという。
グリーン	パッティングをするために、芝を短く、きれいに刈り込んでいるエリア。
グリーンフォーク	グリーン上にできたボールの跡などを直す小道具。
グリップ	クラブを握りやすくするためにつけられた皮やラバーの部品。
クロスバンカー	フェアウェイを横切るように存在するバンカー。
誤球	間違ったボールを打つこと。

サ

サブグリーン	グリーンが2つあるホールで使用されていない予備のグリーン。
暫定球（ざんていきゅう）	打ったボールがOBやロストボールの可能性が高い場合に、打ち直しの時間ロスをなくするために、その場所から「暫定球を打ちます」と宣言したうえで打つボール。
ジェネラルエリア	ティーイングエリアからパッティンググリーンの間でバンカーとペナルティーエリアを除いたエリア。
シャフト	クラブのヘッドとグリップをつないでいる棒状の部分。カーボンやセラミックなどの素材で作られている。
修理地	コースコンディションの悪い地域で、青杭や白線で標示されている修理中の場所。
シャンク	クラブヘッドの根元部分でボールを打ち、右方向に飛び出すこと。
シングル	ハンディキャップが一桁（9以下）のゴルファー。

スタンス	ボールを打つために足場を決めること。
スライス	右利きの人の場合、初めは左方向へ飛び出し、球速が落ちるにつれて右へ曲がる球筋。
セミラフ	フェアウェイとラフの間にある短いラフのこと。ファーストカットともいう。
セルフプレー	キャディーなしで18ホールをプレーするスタイル。
前進4打	OBを打った時に前方に設置されたティーから第4打目を打つこと。

タ

ターフ	芝生のこと。フェアウェイではターフとなり、グリーンではグラスとなる。
ダフリ	ショット時にボールの手前の地面を打ってしまうこと。
ダブルボギー	そのホールの規定打数よりも2打多い打数で上がること。
チャックリ	グリーン周りのアプローチで、ボールの手前を叩いてしまうミスショット。
チョロ	ボールをこするようにスイングしてしまい、ボールが少しだけ（チョロっと）転がること。
テークバック	アドレスからクラブを後方に引く動作のこと。
ティー	第1打目を打つ時にボールを乗せるプラスチックまたは木製の小道具。
ティーアップ	第1打目を打つ時にボールをティーの上に乗せること。
ティーイングエリア	各ホールで第1打目を打つエリア。
ティーショット	各ホールの第1打目のこと。
ティーマーク	ティーイングエリアの位置を標示する目印。2つで1組。

覚えておきたい ゴルフ用語

ディボット	アイアンショットなどで削り取られた芝生の跡のこと。
特設ティー	ティーショットがOBだった時に、次打を打つ場所。ローカルルールとして設置されている。
ドッグレッグ	ホールの形が左か右に曲がっていること。犬の後ろ足に似ていることから名前がつけられた。
トリプルボギー	そのホールの規定打数よりも3打多い打数であがること。
ドロップ	救済を受ける際、ボールをヒザの高さから落とす動作のこと。

ナ

ニアピン	ボールをピンの近くに寄せること。
ニアレストポイント	障害物や川や池、修理地などにあるボールを救済する時に、ドロップする許容範囲を決める基点となる位置。
ネット	実打数（グロス）からハンディキャップの数を引いたスコアのこと。

ハ

パー	そのホールの規定打数のこと。またはその規定打数と同じ打数で上がること。
バーディー	そのホールの規定打数よりも1打少ない打数で上がること。
バンカー	コース内に作られた砂が入った窪地のこと。
ビギナー	初心者。ゴルフを始めたばかりの人。
ピン	ホールの位置を示す旗竿。
フェアウェイ	ティーイングエリアからグリーンまでの間で芝生を短く刈っている区域。
ベースボールグリップ	野球のバットを握るような握り方。

ヘッドカバー	クラブヘッドを保護するためのかぶせもの。
ペナルティー	ルール違反の時に科せられる罰打。
ボギー	そのホールの規定打数よりも1打多い打数で上がること。
ペナルティーエリア	コース内の川や海、湖などのペナルティーを科せられるエリア。
ホールアウト	ボールがカップに入って、そのホールのプレーが終わること。
ホールインワン	ティーショットが直接カップに入ること。海外ではエースともいう。
ボールマーカー	グリーン上でボールを拾い上げる時にボールの代わりに置く目印。

マ

目土（めつち）	ショットをした際にできた、ディボット穴を埋めるための土のこと。

ヤ

ヤード	長さを表わす英国の単位。1ヤードは3フィートで、0.91438メートル。

ラ

ライ	ボール周辺の芝や砂の状況。
ラフ	フェアウェイやグリーン周りの芝が長い区域。
ラン	ショットの後でボールが着地後に転がって進むこと。
レーキ	バンカーの砂をならす道具。別称「とんぼ」。
ローカルルール	そのゴルフ場で適用される独自のルール。
ロストボール	打ったボールがなくなること。

2019年 主な改正ルール

初心者女子に役立つ新ルールをまとめてみました。

●ボールを捜す時間は3分間です

林の中や深いラフにボールがいってしまった時の、ボールを捜す時間は3分間です。同伴プレーヤーも協力して捜しましょう。ボールを紛失した場合、失くしたと思われる付近で、グリーンに近づかない場所から2罰打で打つことができます。OBも同様です。

●ドロップの方法

池にボールが入ったり、カート道にボールが止まったりした時などに行うドロップは、ヒザの高さからボールを落下させます。少しかがむ姿勢になります。

●2度打ちはOK

アプローチなどで偶然、不可抗力で2度打ちしてしまってもペナルティーはありません。そのストロークを1打と数えればOKです。

●バンカー内の落ち葉や小枝は…

バンカーでショットをする時に、ボールの近くにある落ち葉、小枝、小石などの自然物はペナルティーなしで取り除くことができます。

●バンカーからボールが出せます

2罰打を加えたらバンカー外に出すことができます。ボールとピンを結ぶ線上で、バンカー外の後方のホールに近づかないエリアにドロップします。

※101ページの図解、参照。

●ペナルティーエリアでクラブを地面に着けてもOK

ペナルティーエリア内のボールをそのままプレーする場合、クラブを地面に着けることができます。また、落ち葉や小枝などの自然物をペナルティーなしで取り除くこともできます。

※バンカーでは地面に着けることはできません。

●ピンを立てたまま打っても大丈夫

長いパッティングをする時にピン（旗竿）を立てたまま打つことができます。もし、打ったボールがピンに当たってもペナルティーはありませんし、当たって入ってもカップインは認められます。

撮影協力場一覧

初心者・女性に おすすめ

芝山ゴルフ倶楽部　■TEL:0479-77-4123

- ●千葉県 山武郡 芝山町 大台2176
- ●Mail　　:info-shibayama@resortservice.co.jp
- ●HP　　 : https://www.tokyu-golf-resort.com/shibayama/
- ●アクセス:車　　東関東自動車道　酒々井ICから約14.5km／圏央道　松尾横芝ICから約7km
  　　　　　電車　成田空港駅からタクシーで約25分

　5つの池が巧みに配された「水と光」の美しい丘陵コース「芝山ゴルフ倶楽部」はデズモンド・ミュアヘッド設計のコースです。18人の芸術家の作品をモチーフとした豊かな自然に育まれた18章の物語というコンセプトで、各ホールにはその芸術家の名前が付けられています。美しく、難しいコースでゴルフの魅力を堪能して下さい。

▌ACE GOLF CLUB　千葉校

■TEL：043-234-3636

● 千葉県千葉市若葉区加曽利町1482-1　2階
● HP：https://agc-chiba.com/

多くの有名ツアープロをレッスンし、ゴルフ雑誌やゴルフ番組にも数多く出演するツアープロコーチ・石井忍プロが主宰するゴルフスクールです。ツアープロも納得のレッスンノウハウで、早く上達すること間違いなしです。あなたのゴルフをより高いレベルへと導きます。

▌ダイナミックゴルフ成田

■TEL：0479-75-0793

● 千葉県香取郡多古町飯笹1040
● HP：http://www.mars.dti.ne.jp/~rasta/narita/naritatop.htm
● アクセス：東関東自動車道　成田ICより約15分

成田国際空港近くにある、300ヤード83打席のゴルフ練習場。広大なアプローチ練習場に加え、全長1801ヤード、パー38のミッドコースが魅力。初心者はこちらで腕を磨いて下さい。併設のイタリアンレストラン「かぼちゃハウス」の料理はとってもおいしいです。

▌ロペ倶楽部

■TEL：0287-46-1122

● 栃木県塩谷郡塩谷町大字大久保1859-1
● HP：http://www.ropeclub.com
● アクセス：車　　東北自動車道　矢板ICから約10分
　　　　　　電車　宇都宮駅、片岡駅からクラブバスあり（要予約）

なだらかに広がった解放感に満ち溢れた18ホール。天然温泉を備えた宿泊施設をはじめ、和洋の異文化を巧みに組み合わせたクラブハウス、レストランを完備した女性に大人気のコースです。

▌ブリヂストンゴルフガーデンTOKYO

■TEL：03-5218-1011

● 東京都千代田区丸の内1丁目6番1号丸の内センタービルディング 1階
● HP：http://www.bs-golf.com/shop_school/gg_tokyo/

会社帰りに仲間と一緒に有名コースをラウンドできる！出勤前に一人でふらっと練習ができる！シミュレーションゴルフだけでなく、レッスンも充実。東京駅から3分。駅近でゴルフを思いっきり楽しめます。

プロフィール

著者／**中村 香織**（なかむら かおり）

プロゴルファー。京都府出身。LPGA プロフェッショナル会員。
元ツアープロで、現在は二児のママ。
女性の悩みが解決できる、わかりやすいレッスンが好評。
趣味：美味しいものを食べる事・インスタグラム。
ダスティン ジョンソンのスイングが一番好き。

モデル／**夏目 愛美**（なつめ まなみ）

東京都出身のファッションモデル。ゴルフのベストスコアは100。
現在、「アース製薬 Dream Shot 〜 輝けゴルファー」(TOKYO FM)のレギュラー出演をはじめ、日本文芸社「ゴルフレッスンコミック」公式アンバサダーとしても活躍中。
【公式ページ】http://neutral-tokyo.com/models/natsume
【公式インスタグラム】https://www.instagram.com/manami_natsume/

撮影協力

ゴルフクラブ

衣装＆グッズ

スタッフ

- 編集協力……………今橋　昇
- デザイン……………佐野恒雄／大野鶴子／阿部俊彦
　　　　　　　　　　(Creative Sano Japan)
- 写真撮影……………平塚修二／天野憲仁(日本文芸社)
- ヘアメイク…………鈴木佐知
- イラスト……………本田佳世
- 漫画…………………赤塚　光

これだけできれば大丈夫！
初心者女子のためのゴルフBOOK

2019年 1月10日　第1刷発行
2023年11月1日　第4刷発行

- 著　者……………中村 香織
- 発行者……………吉田 芳史
- 印刷所……………株式会社文化カラー印刷
- 製本所……………大口製本印刷株式会社
- 発行所……………株式会社日本文芸社
　　　　　　〒100-0003 東京都千代田区一ツ橋1-1-1　パレスサイドビル8F
　　　　　　TEL 03-5224-6460(代表)

Printed in Japan 112181210-112231023 N04 (210056)
ISBN 978-4-537-21634-9

- URL……………https://www.nihonbungeisha.co.jp/

© Kaori Nakamura 2019

- 編集担当…………松下

■本書の一部または全部をホームページに掲載したり、本書に掲載された作品を複製して店頭やネットショップなどで無断で販売することは、著作権法で禁じられています。

■乱丁・落丁本などの不良品がありましたら、小社製作部宛にお送りください。送料小社負担にておとりかえいたします。法律で認められた場合を除いて、本書からの複写・転載(電子化を含む)は禁じられています。また、代行業者などの第三者による電子データ化および電子書籍化は、いかなる場合も認められていません。